姑苏经典

六年级

《姑苏经典》编委会　编

古吴轩出版社

中国·苏州

图书在版编目（CIP）数据

姑苏经典.六年级 / 《姑苏经典》编委会编. — 苏
州：古吴轩出版社，2019.4
ISBN 978-7-5546-1266-8

Ⅰ.①姑… Ⅱ.①姑… Ⅲ.①苏州—概况—小学—乡
土教材 Ⅳ.①G624.451

中国版本图书馆CIP数据核字（2019）第037786号

策　　　划：唐伟明　陆月星
特 约 专 家：柯继承
责 任 编 辑：陆月星
见 习 编 辑：赵亚婷
装 帧 设 计：戴玉婷
责 任 校 对：鲁林林
特 约 校 对：潘家荣
插　　　画：星　火
录　　　音：杨瑞亿（文文）　　邱亦麟（乐乐）
　　　　　　张晓洁（小美）　　邱少卿（苏博士）
剪　　　辑：张云龙

书　　　名：姑苏经典·六年级
编　　　者：《姑苏经典》编委会
出 版 发 行：古吴轩出版社
　　　　地址：苏州市十梓街458号　　　邮编：215006
　　　　Http：//www.guwuxuancbs.com　E-mail：gwxcbs@126.com
　　　　电话：0512-65233679　　　传真：0512-65220750
出 版 人：钱经纬
印　　　刷：无锡市证券印刷有限公司
开　　　本：787×1092　1 / 16
印　　　张：6.25
版　　　次：2019年4月第1版　第1次印刷
书　　　号：ISBN 978-7-5546-1266-8
定　　　价：25.00元

如有印装质量问题，请与印刷厂联系。0510-85435777

编委会

编 委
（按姓氏笔画排序）

包迎艳　许雪根　严莉萍

陆月星　钱经纬　唐伟明

唐丽艳　惠　兰

撰 文
（按姓氏笔画排序）

王　琪　包迎艳　朱　嫣

李　琴　张　蕾　张丽君

杭凤娣　郑凤仪　曹　强

惠　兰　薛　晟

人物介绍

文文

　　小学生，性格憨厚，有时候又有点小迷糊，喜欢阅读，遇到想不通的问题喜欢打破砂锅问到底。他的理想是长大后成为一名博学的工程师。

乐乐

　　文文的同学，性格开朗，喜欢打抱不平，同学中的开心果，有责任心，做事认真。长大后他想成为一名酷酷的飞行员。

小美

　　文文的邻居，幼儿园、小学同班同学，平时有点爱臭美，有点冷幽默，做事很有自己的主见。她想成为一名艺术家，因为弹琴、画画、跳舞她都在行。

　　孩子们的课外导师，爱护学生，工作热情，知识渊博，思维活跃，虽然有时候很严肃，但同学们都不怕他，因为他胖墩墩的样子实在惹人喜欢。

苏博士

文文爸爸

　　报社的编辑，工作时沉着、冷静，回家后温和、热情，喜欢跟文文一起读书、运动、旅游。希望与儿子建立起铁哥们一样的关系。

目 录

第一单元　吴侬软语

1 吴语中的歇后语

课前导语

最近我和爸爸一起看了《三国演义》，特别喜欢，也积累了很多关于三国故事的歇后语，像刘备访贤——三顾茅庐，诸葛亮隆中对策——先声夺人，孔明大摆空城计——化险为夷……歇后语真是一种非常智慧的语言艺术，短短一句，含义却非常丰富，甚至蕴含着哲理。

人们从三国故事中总结出了很多歇后语，更从生活点滴中总结智慧，凝聚成俏皮精悍的歇后语。苏州话里也有很多具有地方特色的歇后语，今天，我们一起来探索吧！

微信扫一扫
学说苏州话

 **学说苏州话**

尝试用普通话和苏州话分别念一念下面几个吴语中的歇后语，并猜一猜它们的意思。

外甥提灯笼——照旧（舅）　　　　六月里着棉鞋——日（热）脚难过

迷露里摇船——勿知东西南北　　　瞎子吃馄饨——心里有数

枇杷叶面孔——一面光，一面毛

老太婆笃粥——烦得来　　　　　　打麦碰着落雨——难收场

拼死吃河豚——犯勿着

解疑答惑

歇后语是我国人民在生活实践中创造的一种特殊语言形式。它一般由两个部分构成，前半截是形象的比喻，像谜面，后半截是解释、说明，像谜底，十分自然贴切。在一定的语言环境中，通常说出前半截，"歇"去后半截，我们就可以猜想和领会出它的本意，所以称它为歇后语。

外甥提灯笼——照旧（舅）：一切照旧。

六月里着棉鞋——日（热）脚难过：日子不好过。

迷露里摇船——勿知东西南北：分不清方向。

瞎子吃馄饨——心里有数：眼睛看不见，但是心里明白。

枇杷叶面孔——一面光，一面毛：比喻说翻脸就翻脸。

老太婆笃粥——烦得来：絮絮叨叨，很烦人。

打麦碰着落雨——难收场：没有好结局。

拼死吃河豚——犯勿着：犯不着做这件事情。

现学现用

微信扫一扫
学说苏州话

 卷子发下来哉，六月里着棉鞋——日脚难过哇。

 唉，大家一样勒海。爹爹、姆妈要老太婆笃粥哉——烦得来。

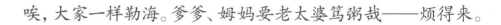

 倷格面孔拉得挨样长，像个枇杷叶面孔——一面光，一面毛，说翻面孔就翻面孔。

 呒不办法，开心勿起来。

自家还是要寻点乐趣格哇，俚笃烦么归俚笃烦，吾自家弹弹琴看看书，化解脱哉。过脱一两天么又是外甥提灯笼——照旧（舅）哉。

总归还是要平常多努力点。考试匣赡怕，匣勿会弄得打麦碰着落雨——难收场。

是格是格。伲要瞎子吃馄饨——心里有数。

一道加油吧！

苏州话趣谈

木渎鼓手——一套头　很早以前，办婚丧喜事的人家，讲究一点排场、礼节的，都要叫吹鼓手来吹乐，以增加气氛。这一传统习俗由来已久。

苏州城里的吹鼓手，过去大多来自木渎。由于吹鼓手家里比较贫穷，因而他们身上穿的衣服没有新的替换，老是那一套。他们吹的乐曲也没有变化，到婚事人家吹一套喜乐，到丧事人家吹一套哀乐，吹来吹去老一套。由此，形成了"木渎鼓手——一套头"的歇后语。

这句话产生以后，常被用来形容一个人办事墨守成规，没有新花样。例如一些手工艺人，只会做老一套的东西，客人要求做点新花样，他不会做，人们就说："你是木渎鼓手——一套头。"

吴趋坊看会——老等　吴趋坊是苏州一条古老的街巷，位于金门内黄鹂坊桥西北。旧时苏州庙宇众多，经常举行迎神赛会，每年的春夏之交，苏州四乡竞相出会，著名的有穹窿山解饷会、齐门外圣贤会、西津桥何山会、虎丘西山会等，真是名目繁多、不胜枚举。在诸多的庙会中，以"三节会"最受人们的重视。

所谓"三节会"，就是在清明节、七月半和十月朝三个节日所举行的庙会。这三个节日的庙会十分隆重，尤其是清明节的庙会，出会的排场非常大，队伍长长一串，仪仗彩盖，銮驾飘幡，鸣锣奏乐，香烟缭绕。吴趋坊是一条主要街道，是仪仗队必经之地，而且仪仗队进入吴趋坊后，都要认真地进行一番表演。为此，看庙会的人很早就在那里等候，人头攒动，翘首以望。由于看会的人去得太早，仪仗队一等也不来，二等也不来，人们要等很长时间，于是便形成了"吴趋坊看会——老等"这样一句歇后语。

课后练兵

你还知道哪些苏州歇后语？课外找一找。

2 吴语中的"场化"

文文，你爸爸说我和你关系这么好，就像"西津桥格团子"！这是什么意思？是不是在取笑我们俩？

这是说我们两个人形影不离，是铁哥们。西津桥在苏州木渎西面，因为这里的糕点团子都是两个一起卖，与众不同，所以"西津桥格团子"在苏州话中就变成了"双档"，也就是"成双成对"的意思。

其实苏州古城的街巷市井、园林庭院、桥头渡口，甚至是一草一木，一砖一瓦，苏州人都可以轻松拈来，化作语言。这节课我们就来接触几个含有苏州地名的俗语。

学说苏州话

微信扫一扫
学说苏州话

请同学们分别用苏州话和普通话读一读，并猜一猜它们的意思。

吃得落乱砖头，吐得出北寺塔

吃仔橘子，勿好忘记洞庭

仪门口听铳

船到桥头自然直

懊憹黄石桥

 我知道"船到桥头自然直"就是"车到山前必有路"的意思。

其实"船到桥头自然直"这句苏州话还能在英语中找到翻版呢！"Cross that bridge when one comes to it"，字面意思是到了桥边再过桥，反映的也是随遇而安的心态，换句话说，就是"船到桥头自然直"。

吃得落乱砖头，吐得出北寺塔：苏州话"吃得落"就是吃得下、受得了的意思。吃的是碎砖乱瓦，吐出来的是著名建筑，形容人有肚量，有雅量，受了各种委屈却以德报怨。

吃仔橘子，勿好忘记洞庭：苏州太湖东、西洞庭山盛产水果，每逢深秋，橘子红了，东山、西山的果农总要摘些橘子送给城里的亲朋好友尝鲜，亲朋好友也总会让果农带点礼物回去以表感谢。这句话的意思就是规劝人要懂得饮水思源，受了恩惠，要懂得知恩图报。

仪门口听铳："仪门"是旧时官衙、府第的大门之内的门，是第二重正门。"铳"指火枪，"听铳"即听到火枪开枪的声音。旧时人们在巡抚衙门的仪门口听校场放铳，只能听到一点点隐约的声音，不太清楚、直接。所以"仪门口听铳"意指听来的传言消息含糊走样，不可靠。

懊愣（lào）黄石桥："懊愣"是苏州方言，就是懊悔。黄石桥在葑门外，边上有一个荷花荡。苏州人去荷花荡观赏荷花，黄石桥是必经之路。六月时，苏州常有雷阵雨降临，听到雷声，赏花的人还没跑到黄石桥就被淋成落汤鸡，回到家里懊愣不已。"懊愣黄石桥"后来就被用来形容一个人做了不该做的事情，或说了不该说的话，十分懊悔。

 小美、乐乐,唔笃勒海商量啥格北寺塔?

 文文,3月5号要到哉,昨日班主任李老师勿是喊伲每个人勒海学堂里向学雷锋嘛……

 小美,倷勒海仪门口听铳,阿是格? 李老师明明只叫伲每个人勒海屋里向做一桩好事体!

 乐乐,吾看是倷瓠听清爽吧?

 唔笃两个嫑吵哉! 大家侪是好朋友,吃得落乱砖头,吐得出北寺塔,嫑真动气! 小美刚刚帮乐乐倷复习功课,倷吃仔橘子,勿好忘记洞庭。

 吾是乐天派,倷还要动气?

 格么,3月5号伲到底要纳亨学雷锋呢?

 船到桥头自然直,曼得有挨个心,总归有帮别人家格事体可以做格!

真剑池,假虎丘

在市场上,有些商人为了牟取暴利,或以次充好,或以假乱真,苏州人称这种情况为"真剑池,假虎丘"。这是怎么回事呢?

虎丘风景秀丽,被誉为"吴中第一名胜"。除了虎丘塔外,虎丘最有

名的一处景点就是剑池了。在虎丘"别有洞天"右边的墙上，有四个涂红大字——虎丘剑池。字体苍劲有力，游客到此，都会拍照留念。这四个字看起来似出于一个人的手笔，其实却是两人所写。

传说，唐代著名书法家颜真卿到虎丘游玩，受到寺庙内方丈的热情款待，颜真卿很是满意。分别之际，方丈请颜真卿留下墨宝。于是，颜真卿就挥毫写了"虎丘剑池"四个大字。方丈请人把这四个字刻成石碑，置于虎丘剑池边的墙上。几百年过去了，由于岁月剥蚀，常年失修，石刻已经斑驳，"虎"字中间甚至断开了。明万历年间，有一官员马之骏到苏州浒墅关出任主管，他很喜爱虎丘的景色，不久，他开始修复"虎丘"的断碑。他向刻石名家章仲玉求字，章仲玉用纸在"虎丘"旧石上勾勒，再移到新石上重新进行镌刻。

人们不知道内情，还以为"虎丘剑池"四字是颜真卿的真迹，其实不然，如果仔细比较，"虎丘"两字和"剑池"两字在笔力上是不同的。因此，苏州人有"真剑池，假虎丘"的说法。如果有人冒他人之名，或者想要以假乱真，苏州人就会说："你是'真剑池，假虎丘'！"

 **课后练兵**

请积累几个有关习俗的苏州俗语，与朋友一起分享。

3 吴语中的小动物

课前导语

 同学们，我们已经学习了许多成语和歇后语，你们积累过关于小动物的成语和歇后语吗？

 我知道关于动物的歇后语，"骑驴看唱本——走着瞧""螃蟹过河——七手八脚""热锅上的蚂蚁——团团转"……

 我背得出十二生肖成语：投鼠忌器，老牛舐犊，放虎归山，狡兔三窟，画龙点睛，画蛇添足，万马奔腾，亡羊补牢，沐猴而冠，闻鸡起舞，狗尾续貂，一龙一猪！

 小动物是人们生活中的重要伙伴，苏州话中也有不少是关于小动物的，今天我们一起来挖掘苏州话的智慧与魅力吧！

学说苏州话

微信扫一扫
学说苏州话

分别用普通话和苏州话念一念下面几个俗语，并猜一猜它们的意思。

白脚花狸猫，吃仔往外跑　　软脚蟹

瞎猫碰着死老虫

羊妈妈千跟头——角别

猞猁戴帽子，像煞有介事

苏州话中关于"蟹"的俗语真多呢！我们之前学过"牛吃蟹"，今天又学了"软脚蟹"，我还知道"秋风起，蟹脚痒"呢！

苏州人喜欢吃蟹，阳澄湖大闸蟹尤为出名。苏州人买蟹有个诀窍，就是看这只蟹有没有脚力，爬起来快不快。有脚力、蟹肉结实的被称为"硬脚蟹"，反之就是"软脚蟹"了。

苏州话里的小短语以小见大，简直就是苏州话里的小寓言！

软脚蟹：苏州话中"软脚蟹"常用来比喻工作能力差，胆小怕事，有任务不敢接受的人。相反，工作能力强，有实力，不肯服输的人常被称为"硬脚蟹"。

瞎猫碰着死老虫：比喻某些人运气好，原来以为他无法做到的事，居然凑巧被他做到了；好的机会偶然被他得到了。言下之意，是他运气好，碰巧成功。

羊妈妈千跟头——角别：这是一句歇后语，表示另类、特别。苏州话形容某人、某事、某物与常见的不一样，有些特别，就叫作"角别"。这里的"角"就是"各"字的谐音，是另外一种、另类的意思。

猢狲戴帽子，像煞有介事：此语常被用来讽刺投靠恶势力、窃据权位的人，或用来讥讽"人一阔，就变脸"。

 唔笃两个人纳亨今朝像煨灶猫勒海?

 哎哟,就是俆羊妈妈千跟头——角别,俆呒不啥事体格,吾一大堆事体,做阿做勿光勒海。

 吾要出去白相哉,闷得来。

 俆么白脚花狸猫,吃仔往外头跑,登勿牢屋里向格。

 一道出去走走吧,散散心,匣要劳逸结合格哇。

 好格,去么就去吧,甏猛狲戴帽子,像煞有介事哉。事体总归做勿光勒海。

 唔笃两个倒好勒海,一走了之,剩吾一个牛吃蟹,啃硬骨头。

 走吧走吧,一道去。说勿定等歇转来有灵感,瞎猫碰着死老虫,做成功哉。

 想得美!

 心想事成!

白脚花狸猫, 吃仔往外跑

"白脚花狸猫, 吃仔往外跑"这句话还有另外一种说法——"白脚花狸猫, 独想往外跑"。"吃仔"是"吃了后","独想"是"只想"的意思。为什么白脚的花狸猫, 不"宅"在家中, 却总爱去外面活动呢?

原来, 动物学家早就给出答案了, 所谓花狸猫, 是指皮毛底色为白色, 上有浓浓黑色花纹的家猫。因为它的黑色花纹布满全身, 与白毛相映特别显眼, 所以人们习称狸猫、花狸猫。而皮毛色彩强烈、"动感"十足的猫, 多为正值青春期的雄性猫, 它食量大, 回来就吃主人家准备好的猫食, 但吃后即外出"闹春", 这么几个来回忙着, 给人留下吃饱后就往外跑的印象。"白脚", 原应作"拔脚", 这也是一种动态性的描绘: 拔脚就跑。花狸猫的黑色花纹主要分布在脸上和身上, 腿上也有些, 所谓一黑一白的"夹花"。猫脚太小, 没有"夹花"的余地, 因此通常没有黑色花纹。走动起来, 白脚尤为显眼, "白脚"与"拔脚"谐音, 慢慢地"拔脚"就讹为"白脚"了。以讹传讹, 人们便以为只有白脚的花狸猫吃了就往外跑呢。

早先, 人们用这句话形容一些食客, 这些人在宴席上饱餐一顿, 未及结束, 就拔脚先行了。后来, 又用这句话来比喻孩子活泼顽皮, 回家吃好饭后放下碗筷就跑到外面玩乐。再后来, 也不单指食客和小孩了, 而是广泛地用来指一些喜欢外出活动, 不爱待在家中的人。

 课后练兵

找一找今天学习的几个俗语的小故事, 并积累有关数字的苏州话。

4 ▶ 吴语中的稀奇事体

课前导语

 今天老师教导我们在学习上不能像"唐伯虎叫船——叫到哪里是哪里",这怎么又和唐伯虎有关系了呢?

 这是教育我们学习上不能没计划、没目标呢!唐伯虎为了追到华府的秋香,叫了一艘小船紧跟华府的大官船。船工多次问唐伯虎船要摇到哪儿,他却总是说:"你不要问,叫你到哪里就到哪里!"这段故事流传开来,"唐伯虎叫船——叫到哪里是哪里"就常被人们用来形容做事没计划、没目标了。

 真有趣,苏州话真接地气,一开口总让人有惊喜。我们去找苏博士,让他再讲讲苏州话里的稀奇事体吧!

学说苏州话

微信扫一扫
学说苏州话

请同学们分别用普通话和苏州话来读一读,与同学一起交流这些话的意思。

痴花野迷

一拍抿缝

鼻涕说鼻涕

派头一落,转去吃粥

伸头一刀,缩头匣是一刀

语言是一种智慧，也是一种艺术。"言有尽而意无穷""弦外之音""言外之意""话中有话"都表现了语言的精妙。这些短小精悍的苏州话是苏州人语言智慧的结晶，了解这些苏州话中蕴藏的稀奇事，并灵活运用它们，不仅有助于我们学习苏州话，积累苏州文化，而且有助于提高我们的语言艺术，让我们的语言变得更加生动有趣！

痴花野迷：比喻讲话的人说东道西，胡言乱语，想尽办法搪塞推托。"痴花野迷"的意图，就是千方百计地利用各种言语，包括肢体语言，使对方或迷惑懵懂，或信以为真，最后达到诱骗的目的，让对方任自己摆布。

一拍抿缝：原指木工在拍合卯榫时，正巧合缝。比喻一拍即合，指事物正合适、正匹配。

鼻涕说鼻涕：大家都有毛病，你说我流鼻涕，可是你自己也流鼻涕。你就不要取笑我了——你自己也一塌糊涂呀！意思与成语"五十步笑百步"相通。

派头一落，转去吃粥：形容某些人爱时髦，特别在意穿着打扮和举止气派，实际上日子过得非常窘迫。

伸头一刀，缩头匣是一刀：常用来表示人逃避不了的事，必须"硬着头皮"面对，包含了一种无奈。但有的时候，也可以解释为"坦然面对"，碰到棘手事不必太惊慌、太担忧，有几分鼓励人积极应对的意思。

 小美，昨日电视里放格本电影侪瞁看？

 看格呀！故事蛮有劲格，不过男主角一天到夜痴花野迷，蛮戳气格！

 男主角派头一落，转去吃粥，匣蛮作孽格！

 小美、乐乐，过几日天就要期末考试哉，唔笃还有辰光勒海讲电影勒？

 文文，吾格成绩搭俫勿好比，比乐乐好得多哉！

 小美，俫夻鼻涕说鼻涕哉，俫格成绩挪搭比吾好？

 哎，乐乐，俫匣夻争哉，倪两个英语侪蛮搭浆格，考试纳亨办呢？

 伸头一刀，缩头匣是一刀！船到桥头自然会直格！

 对格，俫是小斗士，曼得面皮老，啥格侪勿怕！

 唔笃两个一搭一档，倒是一拍抿缝，像煞勒海说书！

 文文，倪匣是吪不办法呀！

 挨样吧，挨两天吾来帮唔笃复习英语吧！

 好格，谢谢！

微信扫一扫
学说苏州话

16

苏州人卖豆腐花——完

苏州城里小吃很多，如梅花糕、海棠糕、糖粥等。豆腐花也是很有代表性的苏州小吃。以前，小吃商贩会挑着担子，走街串巷，有的高声叫卖，有的不叫卖，只敲一种特定的响器。如果你想吃这些小吃，就开门出去购买。

豆腐花商贩的叫卖很特别。商贩挑着担子走进巷内，找一处空的地方停下来，拉长调门来一嗓："完——"这喊声好像是在唱歌，先抑后扬，悠长婉转，十分好听。听到这喊声，大家就知道卖豆腐花的来了，嘴馋的就会去买一碗。

"完"是不吉利的，卖豆腐花的还反反复复地大声叫喊，这是为什么呢？原来，商贩喊的"完"是"碗"的意思，让人来"买一碗"或"吃一碗"。只不过因为"吃一碗"字多，用苏州话喊不响亮，所以前两个字"吃一"喊得轻，最后那个"碗"要喊得响。而"碗"念作第三声，发音时不易响亮，"完"念作第二声，声调高扬，喊时还可以加上拖音，所以商贩在吆喝的时候，自然也就拉长声调，将"碗"喊成了"完"的声调。这也是一代一代传下来，人们都熟知的喊法。这吆喝声绵长悠远，给苏州人留下了的深刻记忆。

"苏州人卖豆腐花——完"这句俗语流传开来以后，外地人也很感兴趣，也在运用。在日常生活中，丢失的东西无法找回，或事情没有办成功，大家就会苦笑着学一声："这真是苏州人卖豆腐花——完。"

课后练兵

苏州闲话里的奇闻趣事还有很多，同学们去找一找，和亲人、朋友说一说这些稀奇事，你一定会有很多收获！

第二单元　成语放送

5 吴门书画

课前导语

 苏博士，苏州博物馆的"吴门书画"展厅展出了大量明清书画作品，真令人大开眼界。

 文徵明、唐寅等都是吴门画派著名的书画家。你们看这幅书法作品笔走龙蛇、力透纸背，你们看那幅画卷栩栩如生、惟妙惟肖。

 小美对书画的点评真是言简意赅、妙语连珠！

成语放送

入木三分	烘云托月
力透纸背	涉笔成趣
笔走龙蛇	栩栩如生
龙飞凤舞	妙手丹青

当一幅幅笔饱墨酣的书法作品、一幅幅诗情流淌的精美画卷出现在你眼前时，你会怎样赞叹呢？赶快学一学这些成语吧。

字词解析

小美，你刚才说的"栩栩如生"和"惟妙惟肖"是不是一个意思啊？

这两个词语意思差不多，不过"栩栩如生"一般形容画作、雕塑像活的一样，而"惟妙惟肖"还可以形容模仿得很逼真。

那么"力透纸背"是不是指写字很用力呢？

"力透纸背"这个成语是形容书法刚劲有力，看上去笔锋好像要透到纸张背面了。

涉笔成趣：形容一动笔就画出或写出很有意趣的东西。

妙手丹青：妙手，技能高超的人；丹青，指绘画的颜料，比喻绘画的艺术。"妙手丹青"常用来指优秀的画家。

入木三分

王羲之是东晋时期著名的书法家，字逸少，有"书圣"的美誉。他曾经当过右将军，所以后人又称他为"王右军"。他擅长隶、草、楷、行各种书体，其代表作是被誉为"天下第一行书"的《兰亭序》。王羲之的书法，可以称得上冠绝古今。他的字秀丽遒劲，刚柔并济，博采众长，又自成一家。他与儿子王献之，被人们称为"二王"。王羲之的书法对后世有着深远的影响。

王羲之的书法写得那么好，不仅是因为他具有书法的天赋，更多的是因为他勤奋刻苦地练习。王羲之为了能把字写好，常常在心中思考字体的结构和书写时的运笔。据说他就是从白鹅游水的动作中领悟出了运笔的方法，大大提升了书法的技艺。王羲之还习惯

边思考，边用手指头在衣服上划写着。不管是走路，还是休息，他总是边想

边划，天长日久，他的衣服都被划破了。王羲之还经常在池塘边练习写字。写完后，他就在池塘里清洗毛笔。日复一日，年复一年，池塘里原本清澈的池水也被染黑了。

有一回，皇帝要到北郊去祭祀，就请来王羲之，让他把祝辞写在一块木板上，再派木匠按照他所写的去雕刻。木匠在雕刻木板时惊奇地发现，王羲之写的字，墨迹竟然能渗入木头三分多深，这书写的功力令木匠佩服不已。因此，他情不自禁地赞叹道："右将军的字，真是入木三分呀！"自此，"入木三分"这个成语就用来形容书法笔力强劲，也用来比喻分析问题深刻。

王羲之通过坚持不懈地练习，最后终于成为一代书法大家。唐太宗李世民曾这样评价过王羲之："心慕手追，此人而已，其余区区之类，何足论哉！"更可见王羲之在书法史上不可动摇的地位。

课后练兵

你们能猜出下面的谜语吗？
（小提示：每个谜语对应着今天所学习的成语哦！）

八十八　　　　　（　　　　　　　　　　）
疏林落鸟对不识　（　　　　　　　　　　）
育　　　　　　　（　　　　　　　　　　）

6 唐诗宋词

课前导语

中国古诗词是高度凝练的文学作品，优秀的古诗词可以说是"字字珠玑"，其中也藏着不少成语，你们知道吗？

我来猜猜！孟郊的《游子吟》："谁言寸草心，报得三春晖。"陆游的《游山西村》："山重水复疑无路，柳暗花明又一村。"其中的"寸草春晖""山重水复""柳暗花明"都是成语。

不错！唐代诗人们曾这样描述作诗："吟安一个字，捻断数茎须。""两句三年得，一吟双泪流。"可见古诗词用字的精妙，今天我们就来学习一下唐诗宋词中的成语吧！

春风得意	长风破浪
山重水复	柳暗花明
白衣苍狗	悲欢离合
卷土重来	雪中送炭

唐诗宋词是中华民族文化宝库中的璀璨明珠。藏在古诗词中的成语看似简单，却意境深远，内涵丰富。我们一起来读一读吧！

字词解析

苏博士，《游山西村》中"山重水复疑无路，柳暗花明又一村"这两句我不太理解。

乐乐，我们先来理解"山重水复""柳暗花明"这两个成语的字面意思。"山重水复"是指山峦连绵起伏，水流弯弯曲曲，常指地形比较复杂。"柳暗花明"的意思是柳树成荫，繁花艳丽。

哦，我懂了。"山重水复疑无路，柳暗花明又一村"是说山峦重叠水流曲折，诗人担心无路可走，后来看到柳绿花艳，眼前忽然又出现了一个山村。

乐乐解释得不错。这两句诗还蕴含着生活哲理——不论前路多么难行难辨，生活中有多少艰难险阻，只要我们坚定信念，勇于开拓，就能"绝处逢生"，发现一个充满光明与希望的新境界。

春风得意：唐代孟郊有《登科后》一诗，作"春风得意马蹄疾，一日看尽长安花"来形容考上进士后得意的心情。后来人们用"春风得意"称进士及第，也用来形容人事业顺心腾达时扬扬得意的样子。

白衣苍狗：出自唐代杜甫《可叹》："天上浮云似白衣，斯须改变如苍狗。"意指浮云像白衣裳，顷刻又变得像灰色的狗，比喻世事变幻无常。也作"白云苍狗"。

典故链接

雪中送炭

"雪中送炭"这个成语出自南宋诗人范成大《大雪送炭与芥隐》——"不是雪中须送炭，聊装风景要诗来"，这句诗的意思是说如果不是在别人困难的时候送去炭火，那种营造出的意境和诗意将是勉强和造作的。

关于"雪中送炭"还有一个有趣的故事：据说宋太宗赵光义深知守住江山不易，所以特别体恤百姓疾苦。有一年冬天，千里冰封，万里

雪飘。宋太宗锦帽貂裘，烤着炭火，还是感到非常寒冷。正当他借酒驱寒的时候，突然想到了一个问题：我穿着厚厚的外套，在皇宫里烤着炭火，仍觉得寒气逼人，那些贫苦的老百姓怎么挨得过去呢？想到这里，他命人传开封府尹，让他给百姓发放冬衣和木炭，帮助他们平安度过这个寒冬。百姓们都纷纷叩谢皇恩，称皇上是"雪中送炭"！后来这个成语就比喻在别人急需时给以物质上或精神上的帮助。

其实，宋太宗赵光义不仅勤政爱民，而且非常喜好读书。他当了皇帝之后，更是锐意文字，手不释卷。"开卷有益"的典故也与他有关。太平兴国二年（977），宋太宗召集李昉、李穆、徐铉等学者编类书一千卷，书名《太平总类》。《太平总类》成书以后，宋太宗让宰相每日进呈三卷亲阅，宰相劝说道："陛下好古不倦，以读书为乐，这是好事，但是一日三卷，恐太劳神。"宋太宗却说："朕性喜读书，开卷有益。每见前代兴废，则以为鉴戒，此书不过千卷，一日三卷，一年也就读完了。这样想来，好学之士读万卷书，亦不为难。大凡读书要自己性有所好，若不好读书的人，要他读书也读不进。"此后，宋太宗果然每日读《太平总类》三卷，从不间断。即使因事情太多而未能读满三卷，也必定在空时补上。一年后，宋太宗果然读完了《太平总类》，并赐此书改名为《太平御览》。后来，"开卷有益"便成了成语，形容只要打开书本读书，总会有益处，常用于勉励人们勤奋好学，多读书。

🌿 课后练兵

以下成语都藏在诗词名句中，赶快去找一找、背一背吧！

长风破浪　　（　　　　　　　　　　　　　　　　　）

悲欢离合　　（　　　　　　　　　　　　　　　　　）

卷土重来　　（　　　　　　　　　　　　　　　　　）

心有灵犀　　（　　　　　　　　　　　　　　　　　）

7 八字成语

课前导语

 文文,饭烧好了,你去盛饭吧! 你已经是六年级的学生了,可不能"衣来伸手,饭来张口"。

 好的,爸爸。哇,今天有鸡头米!

 "上有天堂,下有苏杭",江南素来是鱼米之乡,鸡头米就是"水八仙"之一,你知道"水八仙"指哪些植物吗?

 呃,有鸡头米、莲藕、菱、水芹、茭白,还有什么呢?

 哎,现在的孩子真是"四体不勤,五谷不分"。还有慈姑、荸荠、莼菜,这八种水生植物被称为"水八仙"!

 爸爸,虽然我说不全"水八仙",但我知道您说的"衣来伸手,饭来张口""上有天堂,下有苏杭""四体不勤,五谷不分"都是八字成语。吃完饭,请您给我细细讲讲吧!

成语放送

上有天堂，下有苏杭　无源之水，无本之木

衣来伸手，饭来张口　眼观六路，耳听八方

种瓜得瓜，种豆得豆　近朱者赤，近墨者黑

兵来将挡，水来土掩　四体不勤，五谷不分

这些成语每组八个字，前后意思相近，大部分都蕴含着道理。仔细读读，你一定能体会到它们的妙处。

字词解析

爸爸，"四体不勤，五谷不分"中"五谷不分"我懂，爸爸在说我不认识农作物。那么您再说说"四体不勤"吧！

"四体"指人的两手两足，"四体不勤"讲的是人不参加劳动。"四体不勤，五谷不分"源自《论语》，其中还有一个故事。孔子的徒弟子路随孔子游学，和孔子走失了，曾问一位老农："子见夫子乎？"老农说："四体不勤，五谷不分，孰为夫子？"老农的话也包含着劝诫读书人不能脱离生产劳动的意思。

"纸上得来终觉浅，绝知此事要躬行。"求学既要从书本上学，也要从生活中学，因为知识来源于生活，否则知识就会变成"无源之水，无本之木"，根基就不扎实了。

眼观六路，耳听八方：比喻人机智灵活，遇事能多方观察分析。

兵来将挡，水来土掩：指根据具体情况，采取灵活的应对办法。

上有天堂, 下有苏杭

　　"上有天堂, 下有苏杭"是形容苏州、杭州的繁荣、富庶。这个八字成语最早可以追溯到北宋时期。当时的汴京 (即今河南省开封市)流行过一句民谚: "苏杭百事繁度, 地上天宫。"意思是说苏州、杭州两地, 地域广阔, 商贾云集, 热闹繁华。在金兵南侵的威胁下, 宋高宗赵构逃往江南, 此后政治经济中心南移, 苏杭经济发展更为迅速。对于老百姓而言, 把苏杭比作"天堂", 不仅是指其经济方面的富庶, 还指能够在那里安居乐业, 远离战火。苏州和杭州从古至今,太平的时间比较多，虽然宋朝时期战事频发，但苏杭一带仍然是一派升平景象。后来，南宋著名的田园诗人范成大编著了苏州地方志——《吴郡志》，把这句关于苏州的民谣收录书中。文中这样写道："谚曰，天上天堂，地下苏杭。""苏湖熟，天下足。"范成大这样写，不是没有道理的。苏州自古以来农业和手工业就非常发达，才被人们称为"鱼米之乡"。其中最为著名的是丝织业和造纸业。远近闻名的"宋锦"就是这时候出现的。苏州的各种产品通过运河、长江运到各地，甚至还远销海外。后来元朝散曲名家奥敦周卿又把这句谚语改编了一下，写进了他的《蟾宫曲·咏西湖》："春暖花香，岁稔时康，真乃上有天堂，下有苏杭。"从此，"上有天堂，下有苏杭"便流传至今，名扬中外。

　　时至今日，苏州依然是长江三角洲城市群中重要的城市之一，是长江经济带的重要组成部分，苏州地区生产总值常位居全国前列。苏州不但有小桥流水、亭台楼阁，而且有鳞次栉比的高楼大厦，贯穿城市的轻轨、高架，是一个融合了古韵今风的美丽城市，简约而自然，恬静而雅致。

课后练兵

同学们，以下的八字成语，只写了一半，你能补全吗？

一日不见，（　　　　　　　）

三天打鱼，（　　　　　　　）

三十六计，（　　　　　　　）

十年树木，（　　　　　　　）

千里之堤，（　　　　　　　）

8 世界之"最"

 同学们，你们知道苏州有哪些"世界之最"吗？

 我知道东方之门被誉为"世界第一门"。

 苏州金逸影视中心拥有全球最大的电影巨幕。

 还有金鸡湖边的摩天轮高120米，是目前世界上最大的水上摩天轮。

 其实许多成语也和世界之"最"有很大的联系。比如：最反常的天气是"晴天霹雳"，最悬殊的区别是"天壤之别"，最绝望的前途是"山穷水尽"……

最反常的天气（晴天霹雳）　最悬殊的区别（天壤之别）

最绝望的前途（山穷水尽）　最遥远的地方（天涯海角）

最大的巴掌　　（一手遮天）　最宽广的视野（一览无余）

最宽阔的胸怀（虚怀若谷）　最宝贵的话　（金玉良言）

最好的记忆　（过目成诵）　最高明的医术（药到病除）

最大的幸运　（九死一生）　最好的司机　（驾轻就熟）

谁能想到这些世界之"最"会和成语连在一起呢！读一读，你一定会发现这些成语的奇妙之处！

字词解析

 文文，我来考考你，"最好的司机"为什么是"驾轻就熟"啊？

"驾轻就熟"的意思是赶着轻车去走熟路。最好的司机就应该具有丰富的开车经验。后来这个成语比喻承担熟悉、轻松的事。

 乐乐，我再来考考你，你还记得"最大的巴掌"指的是哪个成语吗？

当然是"一手遮天"啦！一只手就能把天空给遮住，这还不大啊！这个成语现在也用来形容依仗权势，玩弄手段，蒙蔽群众。

33

虚怀若谷：谷，山谷。胸怀像山谷一样深广、宽广。形容为人非常谦虚。

九死一生："九"代表极多。形容经历极大危险而幸存。

典故链接

最爱对月吟咏的骚客——吴牛喘月

晋代大臣满奋向来怕风，某日在晋武帝旁侍坐。当时北墙上装了扇琉璃窗，琉璃无色透明，实密似疏，看起来就像一个空洞，满奋见了，以为墙透风，就面有难色。武帝笑他，满奋只得回答说："我好比是吴地的牛，看见月亮也会喘起来。"后人把这个故事浓缩成四字成语——"吴牛喘月"。

吴牛见了月亮也喘气，这是因为水牛皮厚，汗腺极不发达，怕热，见了月亮，还以为是炎热的太阳，就害怕得喘起气来。虽然后人常用

"吴牛喘月"来比喻人因疑心而害怕，或者遇事过分惧怕而失去判断能力，手足无措，但"吴牛喘月"还是主要被人视为水牛在夜月下常喘气的现象，或以此形容天气酷热。

水牛夏天爱浸在水里，夜里农民也常让它在泥塘里散热取凉，它也总是把整个身子浸在泥水中，露出水面的仅是半个头，鼻孔、嘴巴往往贴近水面，难免沾了泥水，即使此时天上没有月亮，它也常常喘气、喷气以剔除泥水，驱赶爱叮它鼻部和嘴巴的蚊蚋，因而"吴牛喘月"成了夏夜常见的景象。

在江南，吴牛主要作为劳动力使用，"吴牛喘月"在诗人眼中也是夏天劳作和田园生活的象征。唐代诗人李白《丁都护歌》一诗作："吴牛喘月时，拖船一何苦！"诗人刘商有《秋夜听严绅巴童唱竹枝歌》一诗云："身骑吴牛不畏虎，手提蓑笠欺风雨。"诗人陆龟蒙也曾作"江草秋穷似秋半，十角吴牛放江岸"的诗句。

课后练兵

你们知道下面的世界之"最"指的是什么成语吗?

最长的腿　　　　（　　　　　　　　　　　　　　　　　　　）
最干净的地方　　（　　　　　　　　　　　　　　　　　　　）
最荒凉的地方　　（　　　　　　　　　　　　　　　　　　　）
最长的瀑布　　　（　　　　　　　　　　　　　　　　　　　）
最湍急的河流　　（　　　　　　　　　　　　　　　　　　　）
最大的手术　　　（　　　　　　　　　　　　　　　　　　　）

第三单元 诗词吟诵

9 泊平江百花洲

课前导语

同学们，你们还记得我们之前提到的南宋中兴四大诗人吗？

我记得是尤袤、杨万里、范成大、陆游。

我很喜欢杨万里的《小池》《宿新市徐公店》《晓出净慈寺送林子方》，特别是"毕竟西湖六月中，风光不与四时同。接天莲叶无穷碧，映日荷花别样红"一诗，把六月杭州西湖那迥异于平时的绮丽景色写得十分生动传神。

除了和杭州西湖有关的诗，杨万里还有一首诗和苏州有很大的关系，这首诗就是《泊平江百花洲》，我们一起来学习吧。

泊平江百花洲

［宋］杨万里

吴中好处是苏州，却为王程得胜游。
半世三江五湖棹，十年四泊百花洲。
岸傍杨柳都相识，眼底云山苦见留。
莫怨孤舟无定处，此身自是一孤舟。

苏州的美景究竟引发了诗人怎样的感慨呢？我们一起先来读读吧。

诗词诵读

 诗词赏析

 这首诗里的"百花洲"应该就在苏州胥门的"百花洲公园"附近吧！苏州胥门的古城墙也在那里。

 百花洲在宋代地处专门接待外国使馆和高官显宦的姑苏馆。百花洲是姑苏馆所属的园林，南宋淳祐年间，百花洲南端又建了百花庵，每逢农历二月十二日百花生日，此地就会举办庙会，百花洲因而闻名。"百花洲"也是诗歌中常见的地名。清代陈维崧《望湘人·赠南水上人》一词中就有"借问师家何处？在百花洲畔，近胥江渡"。诗人的原注就为"上人住吴门百花洲"。

> 王程：指为帝王差遣办理国事的行程。
>
> 胜游：游览佳胜。　　　　半世：半生。
>
> 三江五湖：江河湖泊的泛称。　　棹：船桨。
>
> 苦见留：依依挽留。　　无定处：没有固定的地方。

39

在第一句中，诗人就赞美了苏州，说苏州是吴中佳胜呢！

 是啊！他十年之间有四次都在百花洲这里停留过，难怪他用拟人的手法说连岸边的杨柳树都与他似曾相识，云山都在苦苦挽留他，其实表达的是他对苏州的赞美和留恋之情啊！

 我喜欢"半世三江五湖棹，十年四泊百花洲"一句。诗人从眼前胜景回忆了自己的半生，从此时联想到了"半世""十年"，这是时间的延伸，而从此地联想到了"三江五湖"，这是空间的延伸，一下子使诗歌变得深邃广阔起来了。

　　诗人杨万里是南宋的大诗人。他中了进士以后，先后任国子博士、太常博士，太常丞兼吏部右侍郎等，后又往漳州、常州等地任职，总是在不同的内外官职历任中奔波。这首诗是诗人从临安（今浙江杭州）赴建康（今江苏南京）任江东转运副使途中，行船至苏州，停泊在百花洲时写的。而诗人此时也在奔波中度过了半生。

　　这是一首七言律诗。开头两句，用平平的叙事方式交代自己与苏州的因缘，也说明了因为公事而有幸再次来到了苏州，表达诗人对苏州的赞扬和向往。第三、四两句由此时此地的体验联想到一生的经历引发感慨，流露出悠然自赏的兴味。第五、六两句描述自己与百花洲的特殊关系，最后用形象的比喻——"孤舟"对自己的生涯做了概括，这个结尾将"四泊百花洲"所引起的感触与联想凝聚到一点上——身如孤舟，漂泊无定，从而点明了全诗的主旨。

　　诗人旧地重游，与苏州的一物一景都十分熟识依恋，诗中采用反客为主的拟人手法，别有一番韵致。青山绿水、垂柳行云都对诗人的再次到来表现出老友重逢般的无限深情，这是诗人对苏州美好印象的真实表露。

　　同学们，百花洲的景色让杨万里也流连忘返，有时间的话一定要去游览一番！

10 伍相庙

 课前导语

我去百花洲公园游玩的时候，在公园里看见了伍子胥的雕像！

百花洲就在胥门附近，当时伍子胥被听信谗言的夫差赐剑自刎，据说他叫人把自己的头颅挂在城门上，他要亲眼看着越国灭吴。后来，人们就在百花洲公园里立了雕像来纪念伍子胥。

是的，伍子胥雄韬伟略，忠心赤诚。他"相土尝水，象天法地"，修筑了姑苏古城，还挖掘了人工运河——胥江，帮助吴国成就霸业，宋代大诗人范仲淹还特地写了一首诗赞美伍子胥，今天我们就来学习这首《伍相庙》。

伍相庙

［宋］范仲淹

胥也应无憾，至哉忠孝门。

生能酬楚怨，死可报吴恩。

直气海涛在，片心江月存。

悠悠当日者，千载祇惭魂。

范仲淹是怎样赞美伍子胥的呢？我们一起来读一读这首诗吧。

诗词赏析

范仲淹用"忠孝"二字评价伍子胥，"忠"是他对吴国的忠心，那关于伍子胥的"孝"有什么故事吗？诗中说"酬楚怨"，伍子胥和楚国又有什么恩怨呢？

伍子胥的父亲伍奢是楚国的太子太傅，太子建被费无忌所陷害，伍奢也受到了牵连。在哥哥伍尚的劝说下，伍子胥逃出了楚国，父亲伍奢和哥哥伍尚被楚平王一道杀害。伍子胥历经艰辛，终逃亡至吴国，得到吴国的庇佑，并最终成为吴王阖闾的重臣。后来，伍子胥同孙武带兵攻入楚国，伍子胥掘楚平王墓，鞭尸三百，以报父兄之仇。这就是诗中的"楚怨"与"吴恩"了。

酬楚怨：向楚国报仇。

报恩：报答吴王阖闾的知遇之恩。

直气：忠勇刚直的正气。

43

"直气海涛在，片心江月存"，这句诗读来真是气势磅礴、气壮山河！

这句诗对仗多么工整，"直气"对"片心"，"海涛"对"江月"，尽是宏阔之意。

伍子胥最后虽然为谗言所害，失去了生命，但我感受到伍子胥刚正不阿的气概仿佛如海涛、日月一样在世间长存，他对吴地人民的一片赤诚之心，永远让后人钦佩。

诗文链接

　　伍子胥是春秋时期楚国人，后逃亡至吴国，成为吴国大夫。他是著名的军事家和政治家，也是姑苏城的设计和建造者。诗中的伍相庙是为祭祀伍子胥而建的。这是一首咏史题材的人物诗，标题是庙，实际是赞人。全诗以对偶的写法塑造出一位正直且富有政治远见的铮铮志士形象，表达了诗人对伍子胥刚正不阿的人格和精神的崇敬与赞美之情。

　　范仲淹是苏州人，北宋杰出的思想家、政治家、文学家。虽然他的词数量较少，但首首脍炙人口，在宋词的发展中起着承前启后的重要作用。他创作的《渔家傲·秋思》："塞下秋来风景异，衡阳雁去无留意。四面边声连角起，千嶂里，长烟落日孤城闭。浊酒一杯家万里，燕然未勒归无计。羌管悠悠霜满地，人不寐，将军白发征夫泪。"意境开阔苍凉，表现了边关将士的英雄气概。当时范仲淹意识到宋初数十年来文章柔靡、风俗巧伪的危害，强调继承历史上进步的文学传统，并推荐当代能坚持风雅比兴传统的好作品，自己的诗文也代表着文学创作中的进步方向。

他倡导的"先忧后乐"思想和仁人志士节操，为儒家思想中的进取精神树立了一个新的标杆，成为中华文明史上闪烁异彩的精神财富。千载迄今，各地与范仲淹相关的遗迹始终受到人们的保护和纪念。

课后练兵

范仲淹在中国文学史上拥有重要的地位，他的诗文、他的做人之道值得我们好好学习。其中《岳阳楼记》是他的千古名篇，我们有时间可以找来读一下，不明白的地方可以自己动手查查资料。

11 青玉案·凌波不过横塘路

课前导语

同学们，还记得范成大"年年送客横塘路，细雨垂杨系画船"的诗句吗？

我记得。诗人感叹多少年了，每年都在这横塘路送客。细雨缥缈，杨柳依依，水边停泊着画船，这一景色留给人无限的惜别之情呢！

横塘之景不仅给你们留下了深刻的印象，也给古往今来的文人骚客留下了无尽的遐思。今天我们再来学习一首与横塘相关的词吧！

青玉案·凌波不过横塘路

［宋］贺铸

凌波不过横塘路，但目送、芳尘去。锦瑟华年谁与度？月桥花院，琐窗朱户，只有春知处。

飞云冉冉蘅皋暮，彩笔新题断肠句。试问闲情都几许？一川烟草，满城风絮，梅子黄时雨。

这首词描绘了苏州横塘什么样的景色呢？赶紧来读一读吧。

诗词诵读

46

诗词赏析

 词人写"凌波不过横塘路，但月送、芳尘去"，好像也有一种可望而不可即的惜别之情。

 "横塘"是诗词中的一个常见意象，它有时不仅仅是一个简单的地名，而是一处寄托了送别之情的地方，所以词中的"横塘"，也往往有一种"意在言外"的含蓄与绵延。范成大《横塘》一诗的前两句"南浦春来绿一川，石桥朱塔两依然"中，还运用了一个地名"南浦"。"南浦"也是中国古诗词中以送别之地表达送别之情的重要意象。

凌波：形容女子步态轻盈。　　　芳尘去：指美人已去。

锦瑟华年：指美好的青春时期。　　锦瑟：饰有彩纹的瑟。

蘅皋：长着香草的沼泽中的高地。

彩笔：比喻有写作的才华。　　　断肠句：伤感的诗句。

一川：遍地，一片。

梅子黄时雨：江南一带初夏梅熟时多连绵之雨，俗称"梅雨"。

贺铸因"梅子黄时雨"一句工整精妙，被人称为"贺梅子"，你们看出这句诗的妙处了吗？

 作者说自己的闲情像"烟草""风絮""梅雨"一样，迷蒙、缥缈、绵绵不绝，把摸不到的"闲情"变得具体可感了。

 "一川"和"满城"也表现了"闲情"的"满"，这种情绪仿佛蔓延得到处都是。

贺铸，北宋词人。字方回，又名贺三愁，人称贺梅子，能诗文，尤长于词。他的词内容、风格较为丰富多样，兼有豪放、婉约二派之长，并在思想境界上有所开拓。语言上，贺铸词精于锤炼，用韵严谨，词句富有节奏感和音乐美，且他善于化用前人成句，多从唐人诗句中吸取精华。

这首词表面上描绘了暮春的景色，表现了路遇佳人而生思慕之情，不知其所往而引发的无限愁思，但实际上全词虚写相思之情，实抒悒悒不得志的"闲愁"。贺铸为人耿直，不媚权贵，"美人""香草"历来又是高洁之士的象征，因此，作者很可能以此自比。在这首词中，居住在香草泽畔的美人清冷孤寂，不正是作者怀才不遇的形象写照吗？

作者虽然一生只做过些小官，但是他在诗文里寄托了自己无限的政治理想，将自己的壮志难酬进行隐曲地表达。所以，读诗词不能简单地从诗词的字面意思来理解，还要了解诗词中一些具有象征意义的东西，这样的理解才能全面。

课后练兵

对比阅读：读读这首词，再回顾范成大的《横塘》，两者之间是否有共同之处，又有哪些不同之处呢？相信大家对比着读会有更多的收获。

12 水调歌头·沧浪亭

课前导语

星期天，我和爸爸一起去了沧浪亭。沧浪亭是苏州现存的历史最为悠久的园林，是宋朝词人苏舜钦修筑的私人花园，十分幽静古雅。

苏舜钦为自己的花园取名"沧浪亭"，来自"沧浪之水清兮，可以濯吾缨；沧浪之水浊兮，可以濯吾足"，他还自号沧浪翁，表现了自己潇洒脱俗的人生态度。除了作《沧浪亭记》一文，他还写作了一首与沧浪亭相关的词，我们一起来学习。

水调歌头·沧浪亭

[宋] 苏舜钦

潇洒太湖岸，淡伫洞庭山。鱼龙隐处，烟雾深锁渺弥间。方念陶朱张翰，忽有扁舟急桨，撇浪载鲈还。落日暴风雨，归路绕汀湾。

丈夫志，当景盛，耻疏闲。壮年何事憔悴，华发改朱颜。拟借寒潭垂钓，又恐鸥鸟相猜，不肯傍青纶。刺棹穿芦荻，无语看波澜。

这首词由作者在沧浪亭所见的太湖景象写起，我们一起来读读吧。

诗词诵读

诗词赏析

词中的"陶朱张翰"指的是谁呢？

"陶朱"指的是范蠡。他曾经帮助越王勾践兴越国，灭吴国，一雪会稽之耻。但是之后他担心勾践不能容人，便隐退遨游四海。他三次经商成巨富，又三散家财。后定居于宋国陶丘，便自号陶朱公。张翰是西晋文学家，他当时不愿卷入晋室八王之乱，因他是苏州人，便借口秋风起，思念家乡的茭白、莼羹、鲈鱼，辞官回乡，成功避祸，"莼鲈之思"的典故即出于此。范蠡和张翰都是在功成名就之时急流勇退的智者，古诗词中经常会引用二人的事迹。

淡伫：安静地伫立着。	渺弥：湖水充盈弥漫无际。
搣浪：搏击风浪。	汀湾：水中港湾。
青纶：青丝织成的印绶，代指为官身份。	刺棹：即撑船。

51

 苏博士，词中多出现"忽""急桨""撇浪""暴风雨""刺棹""穿芦荻"这样的词，整个情境确实有一种波澜起伏的动荡感，最后却以一句"无语看波澜"收尾，归于平静，真有一种豁然开朗的感觉。

 其实作者将人生的坎坷与自己的心态寄寓在此情此景之中了，"刺棹穿芦荻，无语看波澜"与"行到水穷处，坐看云起时"有异曲同工之妙呢！

🌸 诗文链接

　　苏舜钦，北宋词人，字子美，与宋诗"开山祖师"梅尧臣合称"苏梅"。宋庆历四年（1044），范仲淹、杜衍等人推行"庆历新政"，为延揽改革派人才，苏舜钦被范仲淹推荐为集贤殿校理，监进奏院。因支持范仲淹的庆历革新，苏舜钦为守旧派所恨，御史中丞王拱辰让其属官劾奏苏舜钦，劾其在进奏院祭神时，用卖废纸之钱宴请宾客。

苏舜钦因而被撤职贬谪苏州，并在此购下了一处荒废不堪却很幽静的花园，临水买石筑成沧浪亭之后，写有著名的《沧浪亭记》。

《水调歌头·沧浪亭》这首词是苏舜钦唯一存世的词，此词作于作者来到苏州为官的次年。全词虽是上片写景，下片写情，但却一气贯通，将太湖的山与水，人生的坎坷与得意统一于一体，将词人的壮志与忧郁，入世与退隐的内在矛盾统一于一体。整首词洒脱、自然，表现了作者不甘沉沦的心态，风格清旷豪迈，慷慨深沉。

苏舜钦是慷慨、豪迈、积极要求改变现实的诗人。他不受当时浮艳文风的束缚，与穆修等致力于古文和诗歌的写作，在诗文革新方面，对同时的许多作家有过积极影响。在反映时弊、揭露社会矛盾方面，苏舜钦也往往尖锐直截。他的早期创作，充满激情，语言明快豪迈，形成他豪放超迈的艺术风格。后期创作寄情山水自然景物，风格幽独闲放。他的创作因情感袒露而显得颇有生气。

课后练兵

苏舜钦除了这首词以外，还有许多著名的文章，其中《沧浪亭记》是和苏州非常有渊源的一篇文章，可以找来读一下。

第四单元　散文名篇

13 我所见的叶圣陶（节选一）

课前导语

 苏州人文荟萃，贤能辈出，古色古香的小街小巷里走出了许多文学大家。

 五年级的课上，我们接触到的周瘦鹃先生算是一位。

 现代作家、教育家、编辑出版家叶圣陶也是其中之一。

 叶圣陶先生的作品，我们在语文书上曾学习过。大家想不想了解其他作家眼中的叶圣陶是怎样的一个人？让我们一起来读朱自清的《我所见的叶圣陶》。

我所见的叶圣陶（节选一）

朱自清

我第一次与圣陶见面是在民国十年（1921）的秋天。那时刘延陵兄介绍我到吴淞炮台湾中国公学教书。到了那边，他就和我说："叶圣陶也在这儿。"我们都念过圣陶的小说，所以他这样告诉我。我好奇地问道："怎样一个人？"出乎我的意外，他回答我："一位老先生哩。"但是延陵和我去访问圣陶的时候，我觉得他的年纪并不老，只那朴实的服色和沉默的风度与我们平日所想象的苏州少年文人叶圣陶不甚符合罢了。

记得见面的那一天是一个阴天。我见了生人照例说不出话；圣陶似乎也如此。我们只谈了几句关于作品的泛泛的意见，便告辞了。延陵告诉我每星期六圣陶总回角直去；他很爱他的家。他在校时常邀延陵出去散步；我因与他不熟，只独自坐在屋里。不久，中国公学忽然起了风潮。我向延陵说起一个强硬的办法——实在是一个笨而无聊的办法——我说只怕叶圣陶未必赞成。但是出乎我的意外，他居然赞成了！后来细想他许是有意优容我们吧；这真是老大哥的态度呢。我们的办法天然是失败了，风潮延宕下去；于是大家都住到上海来。我和圣陶差不多天天见面；同时又认识了西谛，予同诸兄。这样经过了一个月；这一个月实在是我的很好的日子。

 苏博士，"泛泛"是什么意思呢？

 "泛泛"在词典里有两种解释：一是荡漾的样子，浮动的样子；二是不深入，平平常常。在这篇文章里，说的是作者和叶圣陶先生初次见面以后，因为还不够熟悉，只是说了一些有关作品的十分平常的意见。

 当时的叶圣陶明明年纪并不老，为什么刘延陵却说他是"一位老先生"呢？

 大家来说说，老，只能用来形容人的年纪大吗？

 也不是。如果一个年轻人说话做事特别稳重的话，也会被别人评价为十分老成、老练的。

 你再看作者对于叶圣陶先生的第一印象：朴实的服色和沉默的风度。看来，刘延陵口中的老，指的是叶圣陶的老成吧！

文段解析

朱自清，原名朱自华，我国现代著名的散文家、诗人、学者。他1919年开始发表诗歌，1928年出版了第一本散文集《背影》。他的散文大多篇幅短小，构思匠心独具，有许多都被选入现行的中学语文教材中，比如脍炙人口的散文《春》《背影》《荷塘月色》等。

内容拓展

在朱自清众多的作品里，内容涉及怀念亲朋好友的抒情散文数量很多，如《背影》《我所见的叶圣陶》等。他的这一类散文，核心就是一个"真"字，他用自己的真挚感情，记录自己所见的真实情景，书写自己的真实感受，发表自己的真实议论。这篇散文中，作者将自己与叶圣陶先生的交往，用质朴平实的语言娓娓道来，如叙家常。著名的作家赵景深曾这样评价：朱自清的文章不大谈哲理，只是谈一点家常琐事，虽是像淡香疏影似的不过几笔，却常能把那真诚的灵魂捧出来给读者看。

课后练兵

认真阅读文章，利用各种途径去了解作者在文中提及的"中国公学忽然起了风潮"究竟是一件什么事。

 苏博士，朱自清先生是一个见了生人就照例说不出话来的人，叶圣陶先生也同样十分沉默。他们俩是怎样成为好朋友的呢？

我们继续来阅读《我所见的叶圣陶》，看看他们俩之间发生的故事吧！

 **名篇发送**

我所见的叶圣陶（节选二）

朱自清

　　我看出圣陶始终是个寡言的人。大家聚谈的时候，他总是坐在那里听着。他却并不是喜欢孤独，他似乎老是那么有味地听着。至于与人独对的时候，自然多少要说些话；但辩论是不来的。他觉得辩论要开始了，往往微笑着说："这个弄不大清楚了。"这样就过去了。他又是个极和易的人，轻易看不见他的怒色。他辛辛苦苦保存着的《晨报》副张，上面有他自己的文字的，特地从家里捎来给我看；让我随便放

60

在一个书架上，给散失了。当他和我同时发现这件事时，他只略露惋惜的颜色，随即说："由他去末哉，由他去末哉！"我是至今惭愧着，因为我知道他作文是不留稿的。他的和易出于天性，并非阅历世故，矫揉造作而成。他对于世间妥协的精神是极厌恨的。在这一月中，我看见他发过一次怒——始终我只看见他发过这一次怒——那便是对于风潮的妥协论者的蔑视。

风潮结束了，我到杭州教书。那边学校当局要我约圣陶去。圣陶来信说："我们要痛痛快快游西湖，不管这是冬天。"他来了，教我上车站去接。我知道他到了车站这一类地方，是会觉得寂寞的。他的家实在太好了，他的衣着，一向都是家里管。我常想，他好像一个小孩子；像小孩子的天真，也像小孩子的离不开家里人。必须离开家里人时，他也得找些熟朋友伴着；孤独在他简直是有些可怕的。所以他到校时，本来是独住一屋的，却愿意将那间屋做我们两人的卧室，而将我那间做书室。这样可以常常

相伴；我自然也乐意，我们不时到西湖边去；有时下湖，有时只喝喝酒。在校时各据一桌，我只预备功课，他却老是写小说和童话。初到时，学校当局来看过他。第二天，我问他："要不

要去看看他们？"他皱眉道："一定要去么？等一天吧。"后来始终没有去。他是最反对形式主义的。

文段解析

叶圣陶老先生真是十分有趣的一个人。他平时寡言、和易，对于朱自清遗失了自己辛苦保存的珍贵报纸，只略露惋惜的颜色，毫无责怪之意；可是，对于风潮的妥协论者，他却表现出了从未有过的愤怒。

这段描写中，叶老先生的那句"由他去末哉"是苏州话啊！

叶圣陶老先生是地道的苏州人，他的口头语言很明显地带有苏州方言的特色。文中这句"由他去末哉"，你们可以先用苏州话来读一读。"末"发音为"me"，"哉"发音为"ze"。"由他去末哉"整句话连起来的意思就是随它去吧，没关系的。

作者告诉我们，叶老的作文是从来不留稿的，因此才会辛苦保存发表文章的报纸。可是，朱自清先生却随便放在一个书架上，给散失了。叶老对此只是略露惋惜的颜色，随后就表态：随它去吧，没关系的。

由此可见，叶老真是一位极其随和、平易近人的"老先生"。

朱自清先生选取了日常生活中极其平常的小事，运用了对比的手法，真是写活了这位质朴亲切的"老先生"。

内容拓展

　　朱自清眼中的叶圣陶"到了车站这一类地方，是会觉得寂寞的"。而他自己对于车站似乎也有着一份特殊的情感：

　　走到那边月台，须穿过铁道，须跳下去又爬上去。父亲是一个胖子，走过去自然要费事些。我本来要去的，他不肯，只好让他去。我看见他戴着黑布小帽，穿着黑布大马褂，深青布棉袍，蹒跚地走到铁道边，慢慢探身下去，尚不大难。可是他穿过铁道，要爬上那边月台，就不容易了。他用两手攀着上面，两脚再向上缩；他肥胖的身子向左微倾，显出努力的样子。

——朱自清《背影》（节选）

课后练兵

　　通过查阅资料，读读《我所见的叶圣陶》全文，试着概括朱自清眼中叶圣陶的性格特点。

15 记吴瞿安先生（节选一）

课前导语

 "相见时难别亦难，东风无力百花残。春蚕到死丝方尽，蜡炬成灰泪始干。"大家知道这两行诗句描写的是谁吗？

 人们一般用"春蚕"和"红烛"来比喻老师。

 老师含辛茹苦，教书育人，燃烧了自己照亮了别人。

 今天，我们欣赏的这篇文章——《记吴瞿安先生》，向读者介绍了一位对教育、对学生无比热忱的教师。

记吴瞿安先生（节选一）

郑振铎

二十多年前，我还不曾和瞿安先生相识。有一次，和几位朋友游天平山。前面有一只船，在缓缓地荡着，有一个人和着笛声在唱曲。唱得高亢而又圆润。一位朋友道："瞿安先生在前面船上呢。""是他在唱么？""是的。"因为我们这只船也是缓缓地荡着的，始终没有追上，所以我们没有见面。

后来，我到南京去访"曲"，才拜访瞿安先生。我们谈得很起劲。又一次，我到苏州去找他，在他书房里翻书，见到了不少异书好曲。他从来不吝惜任何秘本。他很殷勤地取出一部部的明刊传奇来。我有点应接不暇。我们一同喝着黄酒，越谈越起劲。他胸中一点城府也没有，爽直而恳挚。说到后来，深以这"绝学"无后继者为忧。他说道："我几个孩子，都不是研究曲子的。"言下仿佛"深有憾焉"似的。但我后来知道，他有一位世兄，也是会唱曲的。有人说他会使酒骂座，这不尽然，他喝了酒，牢骚更多是实在的，但并没有"狂书生"的习气。

65

苏博士，我发现作者的第一段写得特别妙。

 妙在哪里呢？

 作者与吴瞿安先生的第一次相识很特别：只闻其声未见其人。瞿安先生那高亢而又圆润的唱曲声，必定给作者留下了非常深刻的印象。

 对，这与《红楼梦》里王熙凤的出场有着异曲同工之妙！

 正是这样未曾谋面的初次相识，让作者有了更多的期盼，盼望着能与瞿安先生有一次面对面的交流。这里，正是作者匠心独具的体现。

作者链接

　　郑振铎，出生于浙江温州，原籍福建长乐。他深爱自己的祖国，是我国现代杰出的爱国主义者和社会活动家。他兴趣爱好广泛，涉足的领域非常广，是作家、诗人、学者、文学评论家、文学史家、翻译家、艺术史家，也是著名的收藏家、训诂家。

　　郑振铎在多个领域里为我国的文化学术事业做出了自己的贡献。例如，在文学理论方面，早在文学革命初期，他就成为"为人生"的文学的重要倡导者之一；而在文学研究方面，20世纪20年代开始，他提倡和从事中外古今文学综合的比较研究。在他的学术生涯里，一贯重视民间文学和小说、戏曲的资料收集和研究，并在此基础上做了很多开拓性的工作。

　　郑振铎在文章中回忆说，吴瞿安先生是一个终生尽瘁于教育事业的人。他从来没有离开过他的岗位。没有多少人像他那样专心一志于教育事业的。他教了二十五年的书，把一生的精力全部用在教书上面。他所教的东西乃是前人所不曾注意到的。他专心一志地教词、教曲，而于曲，尤为前无古人，后鲜来者。

　　吴瞿安（1884—1939），名梅，字瞿安，晚号霜崖，长洲（今江苏苏州）人。从教二十多年的时间里，他在曲学的研究领域取得了很高的造诣，因而成为享誉海内外的曲学大师。

课后练兵

　　认真阅读文章，利用各种途径去了解作者在文中提及的曲、词等，感受我国的传统文化。

记吴瞿安先生（节选二）

课前导语

和大家一起欣赏郑振铎的《记吴瞿安先生》，让我不禁想到了一句诗——相逢意气为君饮，系马高楼垂柳边。朋友遇到一起，又意气相投，总免不了举杯痛饮，一醉方休，不醉不归。

从作者的描述当中，我们也能感受到他们的志同道合、相见恨晚。

正如郑振铎在下文中所说的那样：他们并没有见过多少次面，但彼此的心是相印的。今天，我们继续来读《记吴瞿安先生》。

记吴瞿安先生（节选二）

郑振铎

我们并没有见过多少次面，但彼此的心是相印的。不仅对于我，对于一切同道者，他都如此。他把所藏的善本曲子，一无隐匿地公开给他的学生们。友人任中敏、卢冀野二先生都是研究"曲子"的，得他的助力尤多。中敏在北大，冀野在中大，都是听他的课的。有许多教授们，特别是在北方的，都有一套"杀手铜"，绝对不肯教给学生们。但瞿安先生却坦白无私，不知道这一套法术。他帮助他们研究，供给他们以他全部的藏书，还替他们改词改曲。他没有一点秘密，没有一点保留。这不使许多把"学问"当作私产，把珍奇的"资料"当作"独得之秘"而不肯公开的人感到羞愧么？假如没有瞿安先生那末热忱地提倡与供给资料，所谓"曲学"，特别是关于"曲律"的一部分，恐怕真要成为"绝学"了。王静安先生走的是"曲史"一条路，但因为藏曲不多，所见亦少，故于明清戏曲史便没有什么大贡献，他的"曲录"是一部黎明期的著作，而不是一部完美无疵的目录。至于瞿安先生则对于此二代的戏曲及散曲，搜罗至广，许多资料都是第一次才被发现的。经过他加以选择与研讨之后，泥沙和珠玉方才分别了开来。我们研究戏曲和散曲，往往因为不精曲律，只知注意到文辞和思想方面，但瞿安先生则同时注意到它们的合"律"与否。因之，他的批评便更为严刻而深邃。

 文段解析

 苏博士，我发现这个片段中，带引号的词语特别多。

像"曲子""曲学""曲律""曲史""曲录"等这类词语，都属于研究领域的专有名词。文章中对这些专有名词加以引用时一般要加引号。

那么，剩下的词语一定就包含着某种特殊的含义。我们要通过阅读思考，来加以理解。

 我读懂了"杀手锏"这个词语，它原本是指使出绝招，亮出底牌。在这篇文章中特指一些教授都有自己的最拿得出手的绝活儿，但绝对是不会外传给学生的。

 我读懂了"绝学"。它的本意是指高明而独到的学问。可郑振铎是用这个词语来说明，如果没有吴瞿安先生的热忱与无私，"曲学"，特别是"曲律"可能就真的要失传了。

其实，郑振铎本人就是志不旁骛、心无杂虑的一代师表。1941年12月8日上午10时30分，他在暨南大学上的最后一课，成为他教书生涯的"最后一课"：

这一课似乎讲得格外的亲切，格外的清朗，语音里自己觉得有点异样；似带着坚毅的决心，最后的沉着；像殉难者的最后的晚餐，像冲锋前的士兵们上了刺刀，"引满待发"。

然而镇定、安详，没有一丝的紧张的神色。该来的事变，一定会来的。一切都已准备好。

谁都明白这"最后一课"的意义。我愿意讲得愈多愈好；学生们愿意笔记得愈多愈好。

——郑振铎《最后一课》

课后练兵

读读两个片段里的教师形象，与你身边的老师进行对比。如果是你，你会如何描写你的老师呢？

第五单元　口述非遗

17 吴歌《五姑娘》

 课前导语

 前两天回家，我跟着爸爸又学了几首吴歌。吴歌挺容易学的，因为都是篇幅不长的短歌。

除了短歌之外，吴歌也有长篇叙事歌，它是在短歌的基础上，经过人们的口头再创作，加以生发、延续、充实、完善而逐渐发展来的。

 吴江芦墟老歌手陆阿妹等人唱的《五姑娘》长达2000多行，被誉为"汉族民间叙事诗的重大发现"，是长篇叙事吴歌的代表作，让我们一起去了解下吧！

74

　　《五姑娘》这个故事发生在清代咸丰年间,讲述了主人公五姑娘与徐阿天的一场悲剧,也是一件真人真事。

　　徐阿天在五姑娘家当长工,两人日久生情。不料此事被五姑娘嫂子发觉,徐阿天被赶出门,五姑娘也被哥嫂锁进磨房。之后,五姑娘在姐姐的帮助下逃出家,和徐阿天相会,二人逃离虎口,跑到了洞庭西山。可是好景不长,徐阿天被五姑娘嫂子诬陷,被抓进了大牢;五姑娘也被抓回家中,愤而自尽。徐阿天出狱后,被折断了脚筋,只好摇船乞讨度日,一直陪伴着五姑娘的牌位了度余生……

　　他俩的故事,轰动一时。一位姓顾的裁缝师傅,在为五姑娘做落棺材的衣裳时得知了这个故事,他把五姑娘和徐阿天的悲剧编成山歌,到处传唱,后来长篇叙事吴歌《五姑娘》便逐渐形成了。

名段赏析

我们一起来欣赏其中的一段唱词：

杨金大四更头起身喊阿天，
像个催命判官催得阿天抬起罱泥家生落了船。
船出浜梢树林里鸟雀还齰开声叫，
苦长工手摇橹把，脚踏滑塌塌的船板，
眼看一只箩口大的月亮还未落山。

这是《五姑娘》中"阿天上工"的选段，描写了杨金大一大清早让长工阿天起床工作的场景。从唱词中我们可以知道，当时杨金大就像"催命判官"一样，而阿天被叫起来的时候，鸟雀都还没醒，太阳都还没升起，可见当时有多早，从中也表现出了当时地主对劳动人民的剥削与压迫。由于这是一首叙事诗，所以基本都是以这样具体的细节描述推进故事的发展的。

在叙事中抒情，融叙事、抒情于一体就是这部作品的一大特点。除此之外，《五姑娘》长达2000多行，分9章23节，故事性强，情节曲折，并通过多种手法，多侧面地刻画了主人公五姑娘的鲜明形象，具有很强的文学性和艺术性。

内容拓展

　　说起《五姑娘》，不得不提起一个人——陆阿妹。陆阿妹从六七岁起就在父亲的影响下学山歌，她曾说小时候喜欢听山歌，觉得山歌曲调特别好听，就如痴如醉地跟着父亲学唱。陆阿妹能唱山歌500余首，其中长歌6首，被称为"山歌女王"和"江南刘三姐"。《五姑娘》就是她父亲传授给她的，正是她的继承和传唱，才让这个故事得以流传，后来甚至还被改编为电影、电视和音乐舞蹈剧等，广为流传。

　　岁月如歌，1986年，陆阿妹离开了我们。但老人那如泣如诉的歌声，袅袅回荡。在陆阿妹等一批歌手的努力之下，吴歌这一优秀吴地文化精品也终得传承。

课后练兵

　　吴歌是我们苏州的非遗瑰宝，大伙儿有责任去保护和发展。让我们创作一些宣传语，号召大家认识吴歌，学唱吴歌，做新时代苏州文化传承人。

18 苏剧《状元与乞丐》

🌸 **课前导语**

爸爸，今天我看了《伤仲永》的故事，方仲永从一个天资非凡的"神童"到"泯然众人矣"，真是太可惜了！

方仲永从小作诗立就，声名远播，于是他的父亲就带着他到处拜访邑人，"不使学"，后天的教育没有达到要求，浪费了方仲永的天资啊！"养不教，父之过"，苏剧《状元与乞丐》也揭示了后天教育的重要性，我们一起去欣赏吧！

　　苏剧大戏《状元与乞丐》讲丁家兄弟同日各得一子，丁花春的儿子取名文龙，丁花实的儿子取名文凤。在孩子周岁的时候，舅父王国贤为之算命。他认定文龙是一生贫贱的"乞丐命"，文凤是富贵无穷的"状元命"。丁花实和妻子胡氏信以为真，对儿子文凤娇惯放纵，百般溺爱，连他出入赌场都不制止。而丁花春的妻子柳氏却不信命，她含辛茹苦，尽管被兄嫂欺凌，流落异乡，仍坚持对儿子严加管教，引导儿子奋志攻读，同时恳求学馆老师尽心培养。十八年后，文龙高中状元，文凤却堕落为赌钱抢劫的强盗。在事实面前，沦为乞丐的丁花实夫妇无地自容，羞愧难当，算命舅父王国贤也是狼狈不堪。

　　剧情的巧妙之处在于很好地运用了对比。首先从剧名上看，就是一组对比，极具艺术张力。状元与乞丐的命运，截然不同，这个对比引出了丁柳氏和丁胡氏两家人在处理各种问题上的差异。这两家人对命运采取不同的态度，对下一代也采取了不同的教育方法，最后使两家的青年走上了不同的人生道路，一荣一辱，形成了鲜明的对比，令人深思。

　　在对比中，这部苏剧还尖锐地提出了有关家庭教育和青年成长道路的问题，时至今日，依然非常具有现实意义。《学馆风波》《妯娌教子》等几折戏，就是反映了文龙、文凤在青少年时期的学校生活和家庭生活，并以此反映妯娌俩教子的不同方法。这对广大青年和做父母的观众来说都有启发作用。

我很喜欢看《状元与乞丐》这部大剧，尤其对第三场《妯娌教子》中柳氏唱的话印象深刻：

天下父母都有爱儿心，丁门柳氏岂无母子情。由他算命论长短，为娘几时肯作真？平日里都愿儿温饱，奴忍饥挨饿何曾有怨声？唯恐你从小走邪道，才严持家法不留情！谁知你——如笼鸟任放肆，似野马学不勤。你岂是甘心情愿当乞丐？到头来难免教你沾臭名！孩儿啊——从严管教长儿志，姑息纵容误儿身；为娘心意儿不解，苦水倒吞泪倒淋。

 我听过孟母"三迁择邻""断机教子"的故事，孟母是一个聪明睿智的母亲，这柳氏也是一个了不起的母亲，"忍饥挨饿""苦水倒吞泪倒淋"，不管生活多难、内心多苦，都要培养孩子成才。

这是因为她深知"从严管教长儿志，姑息纵容误儿身"，不以规矩，不成方圆。

 文龙也挺争气，虽然开始还有点顽皮，但是知道了母亲的良苦用心之后，发奋苦读，终于成才。这也说明人的命运不是天注定的，而是掌握在自己的手中，后天的教育、后天的勤学都是至关重要的。

柳继雁是苏州著名的昆剧表演艺术家。她深受俞锡侯、吴秀松等名师的教导，充分接受了昆曲的唱念、咬字、吐音、收腔等诸方面的正统教育，保持了南昆的风格特色。柳继雁的表演细腻，讲究对人物深层次地塑造，尤善于表现各种不同类型的人物性格。她不光成功塑造了《状元与乞丐》中的柳氏，还有很多其他的经典角色。其中，她更是以《寻亲记》郭氏一角和《风筝树·相思河》中秋叶一角，获得省级表演奖。2010年，她被收入苏州市第三批国家级非物质文化遗产代表性传承人名录。

课后练兵

和同学分角色朗读精彩的唱段，并尝试扮演相关的角色，演出一场苏剧吧！

19 昆曲《十五贯》

🌸 课前导语

 你们知道苏州道前街上有一个况公祠吗?

 况公祠是纪念苏州知府况钟的,他深受苏州百姓的爱戴,被称为"况青天"。他和包拯"包青天"、海瑞"海青天",并称中国民间的"三大青天"呢!

 苏州沧浪亭五百名贤祠中就有况钟的像赞,称他"法行民乐,民留任迁。青天之誉,公无愧焉"。著名昆曲《十五贯》讲述的就是他的故事,我们一起来看看吧!

无锡县肉铺老板尤葫芦为了做生意，向人借了十五贯本钱，之后他跟女儿苏戌娟开玩笑，说这十五贯是卖她得到的钱。女儿信以为真，当天晚上离家出走。而那天深夜，一个名叫娄阿鼠的赌徒闯进尤家，盗走了尤葫芦借到的十五贯钱，并杀死了尤葫芦。

苏戌娟在出逃的路上，偶遇客商陶朱公的伙计熊友兰，两人同行。众街坊发现游葫芦遇害报官后，公差连忙追赶，抓住了苏戌娟和熊友兰。由于友兰身上正好带着十五贯钱，众人便认为人赃俱获，将熊友兰和苏戌娟二人扭送官府。知县听信证人一面之词，将二人屈打成招，判为死刑。

监斩官况钟觉得案件有蹊跷，为他们争取了缓斩。之后，他重新对案情进行了详细调查，发现了娄阿鼠的破绽，接着又打扮成算命先生，套出娄阿鼠杀人的口供，终于将真凶绳之以法，苏戌娟、熊友兰二人沉冤得雪。

名段赏析

听我来唱一段《十五贯》中的曲段如何？

杀人者，理当偿命；律典上字字如铁，载分明。为人要忠诚勤劳，怎准许偷盗横行？只为你无法无天，才落得身处极刑。可叹！贪色刀下死！可笑！贪财丧残生！对恶人理当严惩，若姑息是非怎明？若冤枉何来条条罪情？若冤枉怎有人证物证？只等那谯楼敲五更，速将他斩首回令。

和《牡丹亭》的温婉伤情不同，今天此曲被苏博士演绎得气宇轩昂、正气凛然，完全是另一种风格呢！从唱词和曲调上来看，这应该是监斩官况钟的唱词吧。

对啊！而且今天的唱词我大部分都能听懂，就是有几个地方不太明白。"姑息"是什么意思呢？

姑息养奸，你听说过吗？意思是说无原则地宽容，只会助长坏人作恶的气焰。所以对恶人绝对不能姑息。

那"谯楼"又是什么呢？

谯楼，谯读qiáo，它是指古代城门上建造的用来登高远望的楼，一般有报警和报时两大功能。此唱词里的"谯楼敲五更"很是妙，既点明斩首时间，又是惩恶扬善的正义之声，更是让百姓闻之心生胆寒，让百姓不要作恶的震慑之声。

看来，今天这出戏上演的可是"刑侦大片"啊！况钟面对案情的疑点，绝不放过，实事求是地查案，分析得丝丝入扣、有理有据，使无辜之人沉冤得雪，使作恶之人落入法网，难怪大家都喊他"况青天"！

　　《十五贯》是清代朱素臣著名的传奇作品。20世纪中叶，昆曲曲高和寡，知晓者很少，渐显败落之势，但就是这部精彩的作品，使得昆曲名声大噪。其间，周恩来连看两场昆曲《十五贯》，盛赞它是"改编古典剧本的成功典型"，并说："一出戏救活了一个剧种！"

　　朱素臣是清初著名的戏曲作家，他的作品中，很多都是描写冤案的故事，除了《十五贯》之外，《未央天》《锦衣归》《龙凤钱》等也都是很有名的。因为朱素臣是苏州人，所以他的很多创作都是以苏州为背景的，例如《聚宝盆》写的就是明初苏州周庄沈万三因聚宝盆发财致富又蒙冤受害的坎坷故事。

课后练兵

　　课后搜集一下朱素臣的其他作品，然后试着用简洁的语言概括出这些故事的主要内容，大家一起来交流。

评弹《描金凤》

 课前导语

 文文，上次你介绍的《杜十娘》我也去听了点，还专门买书看，这个敢于抗争的杜十娘真让人佩服。

 这次，我再给你推荐个奇人，人称"钱笃笤"。他原本是个普通的算命先生，喜欢耍小聪明、贪小便宜，但是本性善良。后来他阴差阳错当上了大官，帮助别人平反了冤案。整个过程可以说是跌宕起伏，令人回味无穷。

听你这么一说，还真想去听一听。这篇弹词叫什么？

 就是大名鼎鼎的《描金凤》。

　　《描金凤》是苏州评弹中的长篇弹词代表作品，也是一部反映市民生活的佳作。故事讲了从前苏州有位书生，名叫徐惠兰，他家境贫困，向叔父借贷，却遭凌辱，欲投井自尽，幸好遇到江湖术士钱志节相救。钱志节的女儿玉翠见徐惠兰少年老成，谈吐风雅，赠"描金凤钗"约定终身。后来，徐惠兰接到姑父镇南王马刚书信，去开封王府读书，途中与书生金继春相遇，义结金兰。马刚义子马寿怕惠兰继承马姓家产，陷害惠兰，使惠兰被判死罪。金继春闻讯后，凭着与惠兰面貌相似而入狱换监救兄。与此同时，钱志节误揭皇榜求雨成功，被封国师。他竭力为惠兰申冤，终于逮住真凶马寿。冤狱平反后，惠兰应试连中三元，被授予官职并与玉翠成婚。

这个故事以平民百姓为主角，讲述老百姓的故事，其中救人于危难间的情谊，尤为感人，一起来看看！

想玉妹虽然小家女，我们意合情投姻亲配，有描金凤两下来结连环。他们是指望我功名求到手，可以夫荣妻贵转江南。谁知小兄遭杀罪，转批文要绑赴到断头台。我死一生倒也罢，叫玉妹的终身靠着谁，我死在黄泉也心不安。这一只描金凤相烦你带到苏州去，对家岳说，玉妹的终身凭泰山，择其善者便相配。

 这是《描金凤》中的选段"托三桩"，讲主人公徐惠兰受冤入狱，托义弟金继春去苏州见未婚妻的事情。

 "功名求到手"指的是什么？

古代封建社会将人分为士农工商等各种等级，"士"一般指读书人。所谓"功名"，在此处指古代科举称号或官职名位。古代读书人常把读书做官称为"求功名"。

 苏博士，唱词最后的"泰山"就是指岳父，和前面的"家岳"是一个意思吧？

没错。人们常说黄河为母，泰山为父，既表示尊敬，又带有祝贺长寿的含义。明代陈继儒在《群碎录》里还记载过一个说法，泰山有一座山峰叫丈人峰，所以称丈人叫岳翁，也称"泰山"。

唱过《描金凤》的人很多，其中就有弹词名家杨振言。他出身于评弹世家，其父乃弹词名家演员杨斌奎，胞兄乃弹词名家、"杨调"创始人杨振雄。杨振言善于学习，集百家之长，所唱蒋调有其个人特色，听众称之为"言调"，同时他也擅唱"夏调""俞调"。杨振言不但书艺高超，而且在创作上也很有建树。他与杨振雄共同整理的《西厢记》之《闹柬》《回来》以及《描金凤·换监救兄》等优秀传统分回，都成为书坛精品。由杨振雄早年编写、杨振言加工整理的中篇评弹《赵氏孤儿》，在1994年上演后受到广泛赞许。

课后练兵

有机会去平江路中张家巷的评弹博物馆长长见识、开开眼界吧！